AF477229

Todos los libros de Linkgua Ediciones cuentan con modelos de Inteligencia Artificial entrenados por hispanistas. Pregúntale al chat de tu libro lo que desees acerca de la obra o su autor/a.

Para ebooks: Accede a nuestro modelo de IA a través de este enlace.

Para libros impresos: Escanea el código QR de la portada con tu dispositivo móvil.

Obtén análisis detallados de nuestros libros, resúmenes, respuestas a tus preguntas y accede a nuestras ediciones críticas generativas para una experiencia de lectura más enriquecedora.
La transparencia y el respeto hacia la autoría de las fuentes utilizadas son distintivos básicos de nuestro proyecto. Por ello, las respuestas ofrecen, mediante un sistema de citas, las fuentes con las que han sido elaboradas.

José Joaquín Fernández de Lizardi

Antología

Barcelona 2024
Linkgua-ediciones.com

Créditos

Sumario

Brevísima presentación

La vida
José Joaquín Fernández de Lizardi (1776-1827). México.

Hijo de Manuel Fernández de Lizardi y Bárbara Gutiérrez. Nació en la Ciudad de México.

En 1793 ingresó en el Colegio de San Ildefonso, fue bachiller y luego estudió teología, aunque interrumpió sus estudios tras la muerte de su padre.

Hacia 1805 escribió en el periódico el Diario de México. En 1812, tras las reformas promulgadas por la Constitución de Cádiz, Fernández de Lizardi fundó el periódico *El Pensador Mexicano*, nombre que usó como seudónimo.

Entre 1815 y 1816, publicó dos nuevos periódicos: *Alacena de frioleras* y el *Cajoncito de la alacena*.

En mayo de 1820, se restableció en México el gobierno constitucional y, con la libertad de imprenta, fueron abolidas la Inquisición y la Junta de Censura. Entonces Fernández de Lizardi fundó el periódico *El conductor eléctrico*, a favor de los ideales constitucionales; y apenas unos años después, en 1823, editó otro periódico, *El hermano del Perico*.

Su último proyecto periodístico fue el *Correo Semanario de México*.

Murió de tuberculosis en 1827 y fue enterrado en el cementerio de la iglesia de San Lázaro.

El grito de libertad

Personajes

El cura Hidalgo
El capitán Allende
Abasolo
Aldama
Diez payos, armados con carabinas y machetes
Anselmo, viejo labrador abuelo de
Jacinto, joven pretendiente de
Rosa, hija de
Casilda, vieja
Inés, viuda con una hija doncella y tres niños
Nicolás, mozo del capitán Allende
El Alcaide, de la cárcel
Pueblo

Acto I

El Acto I se representa en una sala grande y decente del cura Hidalgo, con el adorno común. Hidalgo, Abasolo y Aldama.

Hidalgo	Mucho tiempo hace, amigos míos, que lloro en el silencio la suerte desgraciada de nuestra patria. Oprimida trescientos años ha por el duro gobierno español, poseídas las benéficas órdenes que tal cual monarca ha dictado a su favor, solo hemos experimentado desprecios y maltrato general de los mandarines que envían a gobernarnos. Los empleos honoríficos y pingües son exclusivos para los españoles: el ser americano es un impedimento para obtenerlos. La contraseña de los pretendientes españoles es bien sabida; don Fulano de tal, dicen en sus solicitudes, natural de los reinos de Castilla y compañía: de esta manera hechos dueños del gobierno, se han hecho dueños del comercio, de las haciendas de labor, de las minas y de nuestras fortunas, dejándonos únicamente el trabajo material para comer, porque ni los auxilios que proporciona la industria se nos permite. Yo mismo he querido fomentar en este pobre pueblo el cultivo de las viñas. Sí, yo he plantado algunas por mi mano, y no se ha permitido fabricar vinos porque

se expendan los que nos traen de España. De este modo, habiendo nacido entre la riqueza y la abundancia, nos hallamos herederos de una subsistencia muy precaria, precursora infalible de la mayor miseria.

Si tal es la suerte de los criollos, esto es de los hijos del país que descienden de padres españoles, ¿cuál será la que sufren los infelices indios? Por fin, de aquéllos uno que otro obtiene algún empleo, aunque no de la primera jerarquía, y no faltan algunos descendientes de los conquistadores que poseen ricos mayorazgos; pero, ¡los indios!, los indios, los hijos naturales de este país, los descendientes de sus legítimos señores, yacen simados en la estupidez y la miseria. Trescientos años hace que pintó su vida miserable el señor Casas, y en tanto tiempo no han avanzado un paso a su favor. Siempre educados en la superstición y la ignorancia, y seguidos del abatimiento y la desdicha, ni tienen talento para conocer sus derechos usurpados, ni valor para poderlos reclamar.

Ellos, los infelices, son los que más han sufrido el rigor español en todos tiempos; y no solo de los españoles, sino de los criollos o de los hijos de ambas naciones. Si el gobierno español los abruma con tributos, los demás los oprimen con toda clase de gabelas y con un trato duro, altivo, inflexible. Los párrocos, que por su instituto debían ser los que les ministrasen el pasto espiritual con dulzura, con caridad y con desinterés, son, con excepción de pocos, los que les venden los sacramentos a un precio muy caro y muy prohibido. Los indios y las indias han de ser unos esclavos de los curas, los han de servir y los han de mantener, y si no los azotes y las bofetadas andan listos.

Mi corazón jamás ha podido soportar estas crueldades, ni el orgullo español ni la postergación de nuestro mérito por la colocación del paisanaje.

Por otra parte, siempre he advertido con dolor que separada la América de España por un inmenso océano, la naturaleza le avisa que ha sido criada independiente de la Europa. La vasta extensión de su terreno, cuyos límites no se conocen todavía, le han granjeado con razón el epíteto de Nuevo Mundo; pero un mundo lleno de riquezas y abundancia. Sí, la América no necesita nada de lo más precioso que producen las tres partes del globo; en sí misma lo tiene todo sobradamente. Las perlas y diamantes, el oro y platas, el fierro y el azogue, el algodón, la azúcar, el café, el cacao, la vainilla... en fin, todos los frutos que produce la Europa los tenemos con otros más preciosos, exclusivos solo de nuestros climas, como la grana, quina y otros muchos.

Ni los talentos faltan a los americanos para elevar la industria a la perfección, que las naciones extranjeras. La ambición e ignorancia de la España, contentándose con extraer nuestro oro, y nuestra plata, para derramarla en las demás potencias, se ha desentendido de las verdaderas riquezas de este suelo, y ha educado a sus hijos en los vicios, en la ociosidad y en la apatía; porque no solo no ha premiado los talentos americanos, sino que los ha procurado sofocar en cuanto ha estado de su parte.

Ésta es la causa de ese encogimiento, de esa pusilanimidad de los criollos, que parece que no saben ni hablar. Yo me lamento, amigos, yo suspiro a mis solas por nuestra triste esclavitud: conozco que ya no es tiempo de sufrirla: la América debe ser libre para que sea feliz: las circunstancias todas le convidan a romper los ominosos lazos conque la aprisiona su metrópoli: los acaecimientos de Bayona le proporcionaron una ocasión muy ventajosa; pero no supo aprovecharlos. No se encuentra entre nosotros un Washington que arrostre los peligros y haga la libertad de su nación.

Iturrigaray, ese virrey prudente que sabía conciliar la fidelidad al rey con nuestros intereses, ya estaba resuelto a crear una junta que sin reconocer a la de Sevilla, convocase a las Cortes del reino. Tal paso hubiera sido muy avanzado a nuestra independencia; pero una facción de oidores y acaudalados destruyeron sus planes una noche. ¡Pluguiese a Dios que se borrase su memoria en la cronología de nuestros tiempos!

Os acordáis, amigos: ahora dos años, el de 808, una turba de forajidos y tunantes se lanzaron al real palacio, sorprendieron a Iturrigaray, atropellaron a su esposa, lo arrastraron a la Inquisición con ignominia para hacer creer al pueblo que era hereje, y no contentos con tantas tropelías, insultaron al pacífico pueblo mexicano, atribuyéndole por rotulones públicos una traición de que solo fueran capaces los Batallares y Aguirres, los Yermos y Lozanos y otros tales.

Desde entonces las cosas van de mal en peor. Estamos amenazados por los franceses orgullosos con sus victorias, y la nación yace abismada entre el temor y la más justa desconfianza. Yo, a pesar de mi edad, de mis enfermedades y mi estado, he resuelto libertar a mi patria o sacrificar la vida en la demanda.

Todos los planes están bien combinados; lo sabéis, y si os he hecho esta prolija relación, ha sido por recordaros vuestros derechos y los peligros de la patria. ¿Qué me decís?, ¿os halláis con la misma resolución que siempre para acompañarme en esta empresa?

Aldama

Yo, señor cura, antes de decidirme titubeo; pero una vez decidido no retrocedo de mi resolución.

Abasolo

Y yo lo mismo. Os ayudaremos impertérritos en la gloriosa empresa, y moriremos si necesario fuere, pues morir por la patria es inmortalizarse.

Hidalgo — Amigos míos: no esperaba otra respuesta de vuestro honor y vuestro patriotismo. La causa que vamos a defender es la más justa, el Dios de las batallas esforzará vuestros valientes brazos y os conducirá a la victoria, así como...

Aldama — Señor, parece que a la puerta llega gente.

Hidalgo — (Adentro.) Sale Anselmo viejo, sosteniéndose en el brazo de su nieto Jacinto, joven labrador.

Anselmo — Señor cura, muy buenos días dé Dios a su merced.

Hidalgo — Así se los dé Dios, tata Anselmo. ¿Qué anda usted haciendo por acá?

Anselmo — He recibido un recado de su merced, y vine a saber qué es lo que me manda.

Hidalgo — Es verdad que lo mandé llamar. Espérese un poco.

Anselmo — Sí, señor.

Hidalgo — Siéntese usted. Vaya, en aquesta silla estará cómodo.

Anselmo   Dios se lo pague, señor cura: ya los años me agobian, y no puedo salir a la calle sino teniéndome de este muchacho.

(Entra precipitada y llorando Inés, vestida de negro, con una joven y tres muchachillos pobremente vestidos.)

Inés   Señor cura, soy la mujer más infeliz del mundo; pero lo seré mucho más si no hallo amparo en su presencia...

Hidalgo   Vamos, doña Inés, usted serénese y cuénteme sus cuitas.

Inés   ¡Ay, señor cura!, mi pena es la mayor irremediable... Ha muerto mi marido...

Hidalgo   ¿Qué, don Carlos murió?

Inés   A media noche acabó de expirar... ¡Ay infelice!, esta pobre doncella... mis tres hijos...

Hidalgo   Serénese, señora, en este instante solamente la religión nos presta los consuelos necesarios. Advierta usted que todos los hombres nacemos sujetos a la muerte; que este tributo es forzoso pagarlo a la naturaleza, que la vida no es la cosa más grata, sino una cadena no interrumpida de pobrezas, enfermedades y miserias, de cuya carga insoportable nos liberta la muerte a un solo golpe. Su marido de usted era ya anciano, su enfermedad era crónica y demasiado dolorosa: él vivía en un tormento continuado, y con sus ayes afligía sin cesar el corazón de usted. Ha muerto; pero ya su cuerpo dejó de padecer y su espíritu descansa en su creador; ¿qué más consuelo puede usted apetecer? ¿Lo amaba usted con ternura?, pues consuélese también con la esperanza de que en el último día de los tiempos lo volverá usted a ver para no perderlo jamás.

Inés

¡Ay, señor cura!, esos consuelos son muy buenos; pero yo no tengo ni con qué pagarle a usted los derechos del entierro. Con su larga enfermedad he vendido mis animalitos; ni qué vender ni qué empeñar...

Hidalgo

Basta, doña Inés; ya sé el estado de pobreza a que se halla usted reducida. La compadezco y procuraré aliviarla en cuanto pueda. Dé usted un recado de mi parte al padre vicario, para que esta tarde le dé sepultura al cadáver, diciéndole que se entienda conmigo, que ya usted me satisfizo los derechos. Prosiga usted cuidando de la educación de estos niños, que ya veremos cómo se hacen útiles, y por ahora llévese ese socorrillo para que coman unos días.

(Le da unos pesos.)

Inés   (Llorando.) Señor cura, usted es nuestro
                        padre, nuestro benefActor... Queridos míos:
                        besad la mano a vuestro nuevo padre.

(Aquí arrodilla a sus hijos a los pies de Hidalgo: ellos le abrazan
por las rodillas, la doncella con el pañuelo a los ojos le besa una
mano; el cura los levanta y acaricia.)

                        Sí, besad esa mano liberal que derrama los
                        consuelos en el seno de una familia desgra-
                        ciada.

Hidalgo   Basta, señora; basta, hijitos: levantaos. ¡Po-
                        brecillos!, las inocentes lágrimas que lloran,
                        son hijas de la más pura gratitud.

La joven   ¡Ay padre!, yo no sé cómo dar a usted las
                        gracias por la caridad que ha usado con no-
                        sotras.

Hidalgo   Hija mía: nada he hecho que no debiera
                        hacer en este caso, ni nada tenéis que agra-
                        decerme. Ahora se necesita...

(Entra Casilda con su hija Rosa.)

Casilda   Ave María Purísima. Muy buenos días dé
                        Dios a su merced.

Hidalgo   Téngalos usted muy buenos, tía Casilda;
                        ¿cómo va?

Casilda	Pasando, señor cura, pasando con estas piernas tan hinchadas que no puedo dar paso, que a no ser por el recado que recibí esta mañana de su merced para que viniera, no me hubiera levantado de la cama.
Hidalgo	¡Válgame Dios!, pues ¿qué estaba usted en cama?
Casilda	Sí, señor cura: esta hidropesía y esta tos (tose) ya me van llevando a la sepultura.
Hidalgo	No sabía yo la gravedad de usted, que a saberla, la hubiera ido a ver para excusarle esta incomodidad.
Casilda	¡Ay!, no lo permita Dios, señor cura; ¿cómo era eso capaz?
Hidalgo	Vamos, siéntese usted, descanse.
Casilda	Sea por amor de Dios.

(Siéntala junto al viejo.)

| Hidalgo | Pues he llamado a ustedes dos para esto. Jacinto me ha dicho que se quiere casar con Rosita... |
| Los dos viejos | No lo permita Dios: ni por pienso, ni por pienso. |

Hidalgo	(A sus amigos.) Es menester tolerarles a estos pobres sus necedades.

Aldama	Solamente la paciencia de usted...

Hidalgo	No tengo mucha; pero si el pastor no sobrelleva a sus ovejas, ¿cómo las sufrirán los de la calle? Vaya, déjense de regañar a los muchachos. Usted tío Anselmo, dígame, ¿por qué no quiere que se case Jacinto con Rosita?

(Mientras el cura habla con los capitanes, los viejos están regañando a sus hijos.)

Anselmo	Ni con Rosita, ni con nana Rosa, ni con mujer ninguna se ha de casar Jacinto, mientras viva.

Hidalgo	¿Pero por qué razón?, la muchacha no lo desmerece; yo sé que es muy mujercita y muy honrada.

Anselmo	Ella será una santa, señor cura, pero yo no quiero que se case Jacinto con ella.

Casilda	Ni yo quiero que se case Rosa con él; ¿qué, yo le ruego, o he mandado padres descalzos a que le pidan a su hijo? Había de ser mejor.

Anselmo	Mejor o peor, él no se ha de casar con ella.

Casilda	No, ni ella con él.

Hidalgo   Eso ya es perderme el respeto. Cada uno de ustedes ha de hablar conmigo y nada más.

Casilda   Sí, señor cura, usted me dispense; pero como señor Anselmo trata de despreciar a mi hija: si yo hubiera querido, días hace que se hubiera casado y muy bien.

Abasolo   ¿Con quién, tía Casilda?

Casilda   Con el sacristán de la parroquia. (Ríense todos.) No, no se rían ustedes. Pregúntenselo a él que no me dejará mentir.

Hidalgo   Pues ahora yo le suplico que nos deje hablar. Vaya, tío Anselmo, ¿por qué no quiere usted que se case Jacinto?

Anselmo   Porque no tiene la edad suficiente.

Hidalgo   Eso no le hace, la ley lo puede habilitar dando usted su licencia.

Anselmo   Pero, señor cura, no conviene.

Hidalgo   ¿Por qué? ¿Sabe usted que tenga algún impedimento?

Anselmo   No, señor.

Hidalgo   Pues entonces es capricho de usted.

Anselmo   No, señor, no es capricho, sino muchísima
                 razón. Oiga usted; yo soy un pobre viejo,
                 tengo ochenta y siete años, para servir a
                 usted; estoy muy enfermo y ya no puedo tra-
                 bajar. Mi mujer es otra pobre vieja, que está
                 tullida en una cama. No tenemos quién nos
                 socorra sino este muchacho, que es nuestro
                 nieto, y apenas gana para que medio co-
                 mamos. Si se casa, es fuerza que primero
                 atienda a su mujer, y entonces también será
                 fuerza que nos muramos de hambre. Nos
                 moriremos, y entonces que se case con quien
                 quisiere.

Hidalgo   ¡Válgate Dios, y a lo que obliga la miseria! Y
                 usted tía Casilda, ¿por qué no quiere que se
                 case Rosita?

Casilda   Porque no, señor, porque no.

Hidalgo   Ésa no es razón: dígame usted la verdad
                 como el tío Anselmo.

Casilda   Pues, señor, no quiero porque Jacinto apenas
                 gana con qué mantenerse con sus padres: si
                 se casa, se aumenta la familia y es de es-
                 perar que mi hija ande en cueros y muerta
                 de hambre, y para eso, mejor está en su casa.

(El cura a Aldama y Abasolo.)

| Hidalgo | Vean ustedes uno de los mayores perjuicios que la pobreza trae a la sociedad; la falta de la población. Estos jóvenes se aman, y sus padres embarazan su enlace únicamente porque es pobre Jacinto. ¿No es esto? |

(A los viejos.)

| Los viejos | Sí, señor, por eso. |

| Hidalgo | Y si yo encontrase un arbitrio para que Jacinto pudiera mantener a su mujer, sin faltar a socorrer a sus padres, ¿lo dejará usted casar, tío Anselmo? |

| Anselmo | ¡Oh, señor! entonces, ¿por qué se lo había de estorbar? |

| Hidalgo | Lo mismo digo a usted señora: si yo salgo por fiador de Jacinto, de que siempre tratará bien a su niña y que no le faltará nada, según su clase, ¿consentirá usted en sus bodas? |

| Casilda | De mil amores, señor cura, de mil amores. ¿Yo qué puedo querer sino darle gusto a la muchacha? Ella ya es grandecita, y el cuerpo le pide matrimonio. Sobre que a todos nos gusta casarnos. Yo también me casé, y con mi viejecito cuento cinco maridos, con bien lo diga. |

| Hidalgo | Adiós, pues, todo está hecho. Voy a poner a Jacinto que administre mi fábrica de loza, y a Rosita la enseñaremos a criar los gusanos y que saque su seda, con cuyos auxilios no les faltará lo preciso. |

Los jóvenes   Señor, ¿con qué pagaremos tan grandes beneficios?

Hidalgo   Con quererse mucho, con trabajar y con no olvidar a sus padres ni dejar de socorrerlos, para que os colme Dios de bendiciones.

Anselmo   La mía te alcance, hijo Jacinto.

(Bendícelo.)

Casilda   Y las mías a los dos, aunque mala y pecadora.

(Bendice a los dos a dos manos.)

Inés   Repito mis agradecimientos, señor cura, y con el permiso de usted me retiro; me he dilatado por saber lo que usted mandaba, pues cuando entró esa señora dijo a Tulitas, que era preciso no sé que cosa.

Hidalgo   Ah, sí, le iba a decir que es preciso que esto no lo publiquen, pues no hay para qué.

Inés   ¿Cómo no? ¿Cómo es posible que esté oculta
            tanta virtud? Cuando no se puede corres-
            ponder un beneficio, es un desahogo publi-
            carlo.

Hidalgo   Pues yo le encargo a usted que omita esos
            desahogos, pues cuando cumplo con los de-
            beres que me impone la humanidad, me es
            repugnante que se cacareen mis acciones.

Inés   En usted es un deber el ocultar su caridad,
            en mí fuera una ingratitud el no reconocer
            y confesar los beneficios que me acaba de
            hacer. No, yo lo publicaré por todas partes.
            Usted ha sido mi paño de lágrimas, y el iris
            que ha serenado la tempestad de dolor, en
            que se anegaba mi corazón. Fuera de que,
            ¿qué importa que yo deposite en el silencio
            esta acción, cuando el carácter benéfico de
            usted es público en todo el pueblo de Do-
            lores, y sus contornos? ¿Es verdad, señores,
            que nuestro cura Hidalgo es el genio mismo
            de la beneficencia? ¿Podrán ustedes no agra-
            decer los favores que le acaban de recibir?

Jacinto   De ninguna manera. El señor cura conven-
            ciendo a mi padre, me ha hecho feliz, pues lo
            seré al lado de mi Rosa.

Rosa   Y yo lo seré al tuyo por su prudente media-
            ción.

Anselmo   Usted es, señor, el padre de los pobres.

Casilda   Nuestro benefactor.

Inés   Nuestro consuelo.

Hidalgo   Basta, hijos, basta. Vuestra generosidad me
                 enternece y yo quisiera poder haceros verda-
                 deramente felices.

Inés   Sí lo seremos, mientras usted nos viva.

(Toda esta escena es abrazándolo, y besándole la mano, y él
abrazando a todos.)

Anselmo   Así lo pediremos al Todopoderoso.

Inés   Él conserve su vida, porque siempre digamos
                 que viva nuestro padre.

Anselmo   Nuestro amparo.

Todos   Y viva siempre el cura de Dolores.

                 Telón

Acto II

La misma sala, y saliendo de otra pieza Hidalgo y los capitanes.

Hidalgo	Muy buena siesta han dormido ustedes, caballeros.
Aldama	Sí, señor cura; no ha sido mala.
Hidalgo	Sentémonos, y tomaremos chocolate mientras llegan nuestros tertulianos.

(Siéntanse.)

Aldama	Sea enhorabuena.
Abasolo	¿Conque usted tiene su tertulia todas las noches?
Hidalgo	Las más. La música me deleita demasiado y aunque aquí no puede disfrutarse una excelente orquesta, sin embargo, a costa de trabajo y dinero he conseguido poner una muy razonable, con la que les he hecho una escoleta a mis inditos, que son muy aplicados; y no solo saben ya el canto llano, sino algo de buena música; de suerte que un día de función clásica de iglesia no es desagradable en Dolores.

(Sacan chocolate y luces, y mientras lo toman sigue el diálogo.)

Aldama   Si todos los curas tuvieran la eficacia de usted bien pudieran tener su escoleta en todos los pueblos, y no que en los más es una irrisión una función clásica.

Abasolo   ¡Jesús!, por no sufrir el rechinido de los violines de pita, y raca raca de aquellas malditas guitarras conque aporrean los oídos menos delicados, se puede uno quedar sin misa.

Hidalgo   Lo peor es aquella sarta de desatinos que cantan en los coros. ¡Pobres indios!, los hacen blasfemar. Ya se ve, no saben hablar el castellano, ¿cómo es posible que pronuncien el latín correctamente?

Aldama   Y qué, ¿ahora vienen los inditos a ensayar algunas vísperas o misa?

Hidalgo   Misa no es; pero pueden ser vísperas.

Abasolo   ¿Vísperas de qué, señor cura?

Hidalgo   De nuestra libertad.

Abasolo   No entiendo a usted.

Aldama   Ni yo.

Hidalgo   Pues ahora lo entenderán. No son los indios los que componen mi tertulia, sino algunas muchachas decentes y jóvenes honrados del pueblo, que son muy aficionados y no tienen malas voces. Yo les hago sus letrillas y pago la música, y ellos se adiestran y me divierten.

Abasolo   ¿Y qué tienen prevenido para esta noche?

Hidalgo   Una marchita patriótica que están ensayando.

Abasolo   De todo saca usted partido a beneficio de la patria, hasta de la música y de sus diversiones caseras.

Hidalgo   Es preciso entusiasmar a nuestros paisanos, hacerles conocer sus derechos, la opresión en que viven y lo dulce que es la libertad. Sí, es menester no descuidarse un punto en esto; sino trabajar con tesón en las concurrencias, en los púlpitos, en los estrados, y en todas partes, en prosa y en verso, en todos los idiomas que aquí se hablan: con la lengua, con la pluma y con los violines y las flautas.

Aldama   No puede usted negar su grande patriotismo.

Hidalgo   Él es mi pasión favorita. Como yo vea a mi patria libre, más que al momento cierre mis ojos la muerte para siempre.

31

Aldama   Con media docena de curas como usted y
              otra media de militares como Allende, la
              cosa era hecha en cuatro días.

Hidalgo   Ella se hará aunque sea en veinte: yo no
              pierdo las esperanzas. Contamos con lo más
              necesario para lograr la empresa, que es la
              razón y la opinión, y el cielo no desamparará
              tan justa causa.

Aldama   Yo lo creo; mas por ahora solo deseo que
              lleguen las muchachas, y que canten, pues
              no veo la hora de oír la letra que será como
              de usted.

Hidalgo   Nada tiene de particular: su estilo es muy
              sencillo y natural, tal como se necesita para
              que lo entiendan los autores; pero respira pa-
              triotismo.

Aldama   Eso es lo mejor que puede tener.

Abasolo   Ya creo que vienen, según el tropel de la es-
              calera.

(Levántase, sale de la primera pieza, y vuelve a entrar alboro-
zado.)

              Ellos son, ellos son. Aquí están.

(Entran los que cantan.)

Uno	Señores, muy felices noches.
Hidalgo	Amigos: bienvenidos, ya culpábamos la dilación de ustedes.
Uno	Por venir reunidos de una vez, nos hemos dilatado un poco más; pero aún no son las siete.
Hidalgo	Es muy buena hora. ¿Qué tal saben letra?
Uno	Perfectamente.
Hidalgo	Pues siéntense, mientras los músicos tocan la obertura que tienen prevenida.
Todos	Enhorabuena.

(Se sientan; la música toca una solemne obertura, y concluida se levantan todos, menos Hidalgo y los capitanes, y cantan la siguiente marcha.)

Coro	A las armas corred, mexicanos
	de la patria el clamor escuchad,
	baste ya de opresión vergonzosa,
	libertad pronunciad, libertad.
	Después de tres centurias
	de dura esclavitud,
	busquemos la salud,
	basta de padecer.
	España sin monarca,
	Fernando ya en Bayona,

abdicó la corona,
y quedamos sin rey.

Coro   La junta de Sevilla
compuesta de anarquistas,
de intrusos y de egoístas,
darnos quiere la ley.
No estamos en el caso
de sufrir más cadenas,
basta, basta de penas,
ya no hay que obedecer.

Coro   Alarma, mexicanos,
viva la libertad;
todos os preparad
por si viene el francés.
Ya la América joven
emanciparse quiere,
su libertad prefiere
al gobierno de un rey.

Coro   Sabio Iturrigaray,
viendo nuestros derechos,
dejarlos satisfechos
quiso según la ley.
Pero una facción fiera
de oidores y traperos,
burlaron los esmeros,
de aquel justo virrey.

Coro   Los inicuos autores
de tan atroz traición,

hacen la desunión
de este mundo de aquél.
Si al virrey no respetan
porque no es de su gusto,
¿por qué en lo que es injusto
hemos de obedecer?

Coro   De ninguna manera
              de tan sagrado intento,
              dude mi pensamiento;
              libres hemos de ser.
              Libres, libres seremos,
              porque libres nacimos,
              mas yugo no admitimos,
              o morir o vencer.

Hidalgo   (A sus compañeros.) ¿Qué les ha parecido a
              ustedes?

Aldama   La letra y la música muy buenas, y el espíritu
              que la dictó inmejorable. Lo que me hace
              mucha fuerza es la satisfacción con que la
              han cantado.

Hidalgo   Todos estos señores que usted ve, son amigos
              de toda mi confianza.

Aldama   ¿Conque son muy buenos patriotas, según
              eso?

Hidalgo   Sí, excelentes. En mi casa no entran serviles
              ni chaquetas.

Abasolo   Muy bien hecho: en este caso no está por demás ninguna precaución, y menos ahora que está el espionaje muy recomendado y...

(Entra un payo precipitado con una carta.)

Payo   Ave María. ¿El señor cura dónde está?

Hidalgo   Aquí estoy, Nicolás, ¿qué se ofrece?

Payo   Mi amo el señor don Ignacio Allende le manda a su mercé esta carta.

(Dásela: el cura lee para sí, se queda suspenso y al cabo de un segundo, dice:)

Hidalgo   ¿Y qué hacía Allende cuando te despachó?

Payo   Estaba registrando unos papeles y mandó ensillar. A lo que yo percibí; para acá viene y no tarda.

Hidalgo   Pues anda adentro a descansar, y ustedes, amigos, permítanme que me retire a contestar esta carta que es ejecutiva, a bien que para mañana diferiremos nuestra tertulia.

Uno   Señor cura, está muy bien. Hasta mañana.

Todos   Que pase usted muy buena noche.

Hidalgo

Que a ustedes les vaya bien. (Vanse.) Amigos, nuestra empresa se ha perdido.

Aldama

¿Cómo así?

Hidalgo

Lea usted ese papel.

Aldama (Lee.)

«Todos nuestros planes están descubiertos ante el gobierno. Anticipo estas cuatro letras, para que no sorprenda a usted mi llegada a ése, donde le informaré por menor. Soy del...»
¡Válgame Dios! ¿Y quién ha sido el vil americano que ha tenido la bajeza de vendernos?

Hidalgo

Qué sé yo: soy con ustedes.

(Vase.)

Abasolo

Ahora somos perdidos sin remedio. Todo se lo llevó el diablo en un instante. Si la cosa se ha descubierto como dice Allende, nuestra prisión es infalible.

Aldama

Y nuestra ruina también.

Abasolo

¿Pues qué hacemos?, ¿a qué nos detenemos?; ponernos en salvo es lo más seguro.

Hidalgo

(Con serenidad.) Aquí estamos bien seguros.

Aldama

¿Aquí, señor?

Hidalgo   Sí, aquí.

Aldama   ¿Y cuál es la seguridad conque contamos?

Hidalgo   Con la que prestan los buenos caballos y las armas.

Abasolo   ¿Y si no nos dan tiempo de tomarlos?

Hidalgo   No se apoquen ustedes que al fin más ha de ser el ruido que las nueces... mas Allende llega... (Se asoma a una puerta.) Sí, él es.

(Sale Allende de capitán con botas y decente.)

Allende   Yo soy, mi amable cura y compañeros.

Hidalgo   Vamos, ¿qué ha sucedido?

Allende   Todo malo. Un eclesiástico de Querétaro ha descubierto al gobierno de México la revolución que teníamos trazada por el 1.º del próximo octubre.

Hidalgo   ¡Qué vileza!

Aldama   ¡Qué iniquidad!

Abasolo   ¡Qué infamia! ¡Un sacerdote! ¡Un ministro de paz, y americano!

Hidalgo   ¿Conque ya no tienen duda de nuestras in-
                   tenciones?

Allende   Son tan públicas que hasta Riaño, el inten-
                   dente de Guanajuato, las sabe. Garrido se
                   delató él mismo...

Hidalgo   ¡Qué bastardía!

Allende   Ayer intercepté un correo de Guanajuato,
                   en que aquel intendente previene nuestro
                   arresto. Vean ustedes los oficios originales.

(Los entrega a Hidalgo y éste lee en voz alta.)

Hidalgo   «Habiendo sabido positivamente que los ca-
                   pitanes don Ignacio Allende y don Juan Al-
                   dama, como también don Ignacio Abasolo,
                   tratan de conspirar contra el gobierno, en
                   unión del cura de Dolores, prevengo a usted
                   que sin pérdida de tiempo, proceda a la pri-
                   sión de Allende y Aldama, que se hallan en
                   esa villa, en lo que hará usted un buen ser-
                   vicio al rey y a la patria. Dios guarde a usted
                   muchos años. Guanajuato 13 de septiembre
                   de 1810. Riaño. Señor subdelegado de San
                   Miguel el Grande.»

(Representa.)

                   No hay la menor duda, la firma es suya.

Allende

Igual encargo traía don Francisco Iriarte, para arrestar a usted y Abasolo.

Abasolo

¿Pues qué debemos hacer en este caso?

Hidalgo

¿Cómo qué?, dar el grito en esta misma noche.

Aldama

¿En esta misma noche?

Hidalgo

Sí, señor. Ya estamos perdidos, la cosa es innegable pues nos descubren los mismos compañeros, y no es lo peor que nos perdiéramos nosotros, sino que la empresa se pierde, y si nosotros no la llevamos al cabo, acaso no habrá otros que la emprendan. ¿Qué dice usted, Allende?

Allende

Yo, ya sabe usted que siempre sigo gustoso sus disposiciones, y así no tiene sino mandar, y yo obedecer.

Aldama

Pero, ¿con qué gente, con qué auxilios contamos para llevar a efecto una empresa de tanto empeño?

Hidalgo

Con nuestro valor, y con unos muchachos que tengo prevenidos. Entren, hijos.

(Entran diez payos, vestidos al uso de la tierra, unos con carabinas y otros con machetes.)

Hidalgo

Inmediatamente van y ponen presos a los siete españoles que hay aquí, sin maltratarlos, y en un lugar seguro y separado, y esperadnos en la plaza.

Todos

Sí, señor.

(Vanse.)

Aldama

Señor cura, por Dios, ¿qué va usted a hacer? Con diez hombres intentar una revolución, es la mayor temeridad; y luego cometiendo la tropelía de arrestar a los europeos.

Hidalgo

No es tropelía, es prudencia, porque el pueblo que lo verá usted conmovido muy en breve, no los mate.

Aldama

Sin embargo, una vez desconcertados nuestros planes, diez hombres nada valen.

Hidalgo

Pues si ellos no valen nada, yo valgo mucho. Nunca será libre la patria si hemos de andar con tanta cobardía. Si muriésemos en la empresa, otros nos remplazarán; la causa es justísima y general, y por último, el que tenga miedo, que se marche, que yo solo basto para lo que esta noche se ha de hacer.

El patriotismo, amigo, ha de lucir en los peligros, no en los estrados y placeres.

(Al decir esto se ciñe un sable que estará sobre la mesa, y toma su sombrero y su bastón.)

Aldama   Por Dios que me avergüenzo, señor cura, de que atribuya mi prudencia a poco patriotismo o cobardía. Si por tal la ha tenido, yo lo desengañaré. Vamos, vamos a morir por la patria.

Hidalgo   Eso sí, los nobles sentimientos jamás pueden disimularse mucho tiempo. Ea, amigos: ¿juráis defender los derechos de nuestra nación oprimida?

Todos   Sí, juramos.

Hidalgo   ¿Juráis morir, si necesario fuere, por tal causa?

Todos   Sí, juramos.

Hidalgo   Pues a salvar la patria, o a morir.

Allende y todos   Vamos, y desde aquí la patria. Viva.

(Éntranse.)

(Descúbrese vista de calles, en ellas habrá tres tiendas que a su tiempo abrirá el pueblo con hachas, y arrojará la ropa y víveres que habrá dentro. A un lado estará la cárcel: luego que se dejen ver, Hidalgo y compañeros, comenzarán a sonar campanas, y se verán algunas gentes con hachas de brea, discurriendo por todas partes.)

Hidalgo	Amigos, ya estamos en la palestra. Vamos a sacar los presos de la cárcel. Es necesario hacer agradecidos.
(Llega.)	Ea, el alcaide.
Alcaide	Mande usted, señor cura.
Hidalgo	Abra la puerta y eche fuera los presos.
Alcaide	Yo no puedo en eso obedecer a usted porque están bajo mi responsabilidad.
Hidalgo	Si se dilata, es su muerte segura. A ver las llaves.

(Le encara una pistola.)

Alcaide	Ya está, ya está, señor.

(Le da las llaves, Hidalgo abre y salen unos veinte presos gritando.)

Todos	Que viva nuestro padre el cura Hidalgo.
Hidalgo	Hijos, a mí no me aclaméis sino a la patria. ¿Estáis gustosos con vuestra libertad?

Todos   Sí, estamos.

Hidalgo   ¿Me la agradecéis?

Todos   Sí, agradecemos.

Hidalgo   Pues, escuchad.

(A este tiempo llegan los diez payos con sables desnudos y carabinas, y uno de ellos traerá una bandera blanca, con una águila. Algunos otros los acompañan con hachas de brea. A la presencia del cura, se paran todos, y éste prosigue:)

«Americanos: nacisteis libres por la naturaleza, como todos los hombres al mundo: la codicia europea descubrió este vasto y rico continente, lo conquistó, esto es, lo usurpó a los indios sus legítimos dueños, y desde entonces han visto y tratado a los hijos del país como sus colonos y aun como sus esclavos.

En vuestra misma patria no sois nada, ni podéis sembrar ni cultivar, sino lo que os permiten como gracia.

Nacisteis en el reino del oro y de la plata, y no tenéis un peso: rodeados de la abundancia, perecéis en medio del hambre y la miseria: el cielo os dotó de talentos despejados, y vivís y morís ignorantes. De esta manera, oprimidos vuestros padres por los españoles, os dejaron pobres, rudos y miserables; y vosotros bajo los mismos principios, no podéis dejar a vuestros hijos otra herencia que la miseria, la esclavitud y la ignorancia.

Esta suerte de los americanos será eterna mientras no conozcan sus derechos, esto es, que son libres porque son hombres, que nuestra patria ya se halla en estado de gobernarse por sí, sin necesidad de que la gobierne y domine un extranjero que está a dos mil leguas de distancia de nosotros, que nos carga de leyes, nos abruma con gabelas y se lleva a su nación nuestros tesoros.

La justicia nos favorece, podemos ser felices si queremos de un momento a otro. Un empuje generoso se necesita de vuestra parte; pero con unión y constancia. El tiempo presente es el precioso; si lo desaprovechamos, estamos a pique de ser esclavos para siempre. Ya os lo digo: España, por ahora, tutoreada y aun dominada por la Francia, está imposibilitada de enviar tropas de refuerzo contra nosotros; pero los franceses no carecen de recursos ni intenciones: acaso ellos vendrán y nuestra esclavitud será mayor.

Yo advierto en vosotros una decidida inclinación para recobrar y conservar vuestra libertad; pero también advierto que os detiene lo inermes que os halláis y el no contar con una cabeza que os dirija. Yo os amo mucho, y deseo la libertad de la patria como vosotros; si os resolvéis a seguirme, a pesar de mi vejez y mis achaques, os conduciré a la victoria con la ayuda de Dios y el favor de estos ilustres compañeros.

¿Qué decís?, ¿queréis vivir esclavos, o ser libres y salvar vuestra patria?»

Unos ¡Viva la libertad!

Otros ¡La patria viva!

Hidalgo (Toma Hidalgo la bandera y les dice:) He aquí, hijos míos, las armas del suelo mexicano, las de vuestros mayores y el símbolo de vuestra libertad. ¿Juráis ante el Dios de los ejércitos y ante la patria derramar vuestra sangre en su defensa?

Todos Sí, juramos: o morir o ser libres...

(Entra uno precipitado.)

Uno Señor, el alboroto es ya general en todo el pueblo, el furor crece por instantes contra los españoles; si no estuvieran presos, ya fueran víctimas de su furor; pero éste se ha encarnizado en sus efectos, han abierto sus tiendas y después de robar, arrojan a la calle lo que resta.

Allende Es muy escandaloso este desorden.

Abasolo Una injusticia es.

Hidalgo   Es cierto, pero ni es política el oponernos a la plebe furiosa, ni tenemos fuerza para el caso. Es de necesidad ceder a las circunstancias.

(A este tiempo entra la multitud, tirando las tiendas y gritando.)

Unos   ¡Muera el gobierno español!

Y otros   ¡Viva la libertad, viva la patria!

               Telón

Unipersonal del arcabuceado

Endechas
¡Gran Dios!, ¿qué me sucede?,
¿qué es lo que por mí pasa?
¿Hoy tengo de morir?
¡Las seis toca el reloj de la mañana!

Pocas horas, ¡ay, triste!,   5
sonará esta campana
en mis débiles oídos.
Yo tengo de morir... ¡Qué dolor!,
        ¡qué ansia!
¿Posible es, Dios eterno,
que muera esta mañana?,   10
¿que muera en un suplicio
en una edad tan joven y temprana?
Sí: moriré... ¡ay de mí!,
moriré... ¡oh, idea ingrata!,
porque mis crueles padres   15
así en mi corta edad lo decretaran.
Ellos, ¡los infelices!,
son los que ahora me matan,
por no haber arreglado
mis pasiones allá desde la infancia.   20
Mas, ¡oh, dolor!, ¿qué culpa,
qué culpa se reclama
a unos hombres que acaso
le debieron su cuna a la ignorancia?
¡Ah, jueces!, ¡ah, pastores   25

a quienes se le encarga
la educación del joven,
que vosotros miráis cual cosa vaga!
Mi sangre ciertamente
correrá esta mañana;   30
pero, temblad, pues grita
ante el trono de Dios por la venganza.
Si otros curas y jueces
mis padres educaran
en religión y honor,   35
hoy en esta prisión yo no me hallara.
Pero los jueces sirven
por lo que da la vara,
y los curas (no todos)
por lo que da el curato de pitanzas.   40
Así nacen los padres
que los hijos procrearan,
ignorantes, gazmoños,
fanáticos, hipócritas, fantasmas.
El que creen sabe mucho,   45
el que mucho adelanta,
es el que como el loro
la doctrina refiere de Ripalda.
¿Y de moral qué cosa
se dice? Nada, nada.   50
¿De política? Menos.
¿Del natural derecho? Ni palabra.
¿Qué mucho es que los hombres
así como yo nazcan,
así brutos se críen   55
sin respetar su propia semejanza?
Yo hice dos homicidios.

Ahora veo mi desgracia
y el daño que a otros hice
por mi mal natural y mi venganza.   60
Pero no los hiciera
si bien se me enseñara
los estragos que la ira
atrae al que no sabe refrenarla...
Mas... ¡ay de mí!, ya tocan   65
en la calle las cajas.
La tropa viene. Vamos.
Hoy soy un espectáculo de farsa.
Con verme perecer,
una multitud de almas   70
hoy se va a divertir,
cual si fuera al circo o a una danza.
Todo me lo merezco...;
yo soy, yo soy la causa.
Valedme, Dios eterno.   75
Voy a pagar por muchos...
                          Cuida mi alma.
Sí, Señor; si yo viera
pasarse por las armas
a cualquier homicida,
tal vez mis intenciones refrenara;   80
pero vide que muchos
indulgencia lograban
por iguales delitos,
y a dos hombres
maté con tal confianza.   85
Si los jueces, Señor,
como hoy, me castigaran
por la primera que hice,

la del sargento yo no ejecutara.
Voy a morir, Dios mío;   90
mi sangre se derrama;
mas de curas y jueces,
como lo has dicho, exige la venganza.
Yo cometí un delito,
y la justicia aguarda   95
en pública vindicta
que con mi muerte se le satisfaga.
Ya oigo bastante ruido;
ya redoblan las cajas;
y ya los capellanes   100
me sacan al suplicio... ¡Qué hora amarga!
Ya camino entre miles
de voces y algazara
con los ojos vendados
y lleno de exorcistas y plegarias.   105
Ya llegué al cruel lugar,
ya en el banquillo me atan,
y ya, según advierto,
las armas a mi muerte las preparan.
¡Ojalá que con ella   110
muchos escarmentaran
y en sus pechos no dieran
lugar a la ira, al odio, a la venganza.
Apunten, dicen... ¿Qué oigo?
Mi espíritu desmaya...   115
Dios piadoso, favor,
pues en tus manos encomiendo mi alma.

Nota: Si el infeliz Celestino Ramírez, soldado del regimiento de
caballería número 9, hubiera tenido mejor educación, es proba-

ble que hoy no hubiera muerto fusilado en la temprana edad de veintiún años, por haber cometido un homicidio en la provincia de Guanajuato y perpetrado otro alevosamente en Jalapa, en la persona del sargento de su compañía, Guadalupe Mendoza; y si hubiese tenido un talento más despejado, él lloraría la causa de su ruina con palabras más tiernas y enérgicas que las que yo pongo en su boca.

El Pensador

La tragedia del padre Arenas

Personajes

El Comisionado Regio
La Intriga, dama.
La Traición, dama.
La Hipocresía, vestida de beato.
El Interés
El Fanatismo
El padre Arenas
Varios clérigos, frailes y paisanos

Acto I

Salón corto, y en él el Comisionado, Arenas y los demás.

| Fraile | Sea vuecencia bienvenido | |
| | a este reino insolentado. | |

| Comisionado | Con solo haber yo llegado, | |
| | presto lo veréis rendido. | |

| Fraile | La gente del septentrión | 5 |
| | siempre a su rey dócil fue. | |

Comisionado	Eso ya yo bien lo sé.	
	Esta fatal rebelión	
	obra es de cuatro tunantes,	
	que revestidos de egoísmo,	10
	afectando patriotismo,	
	se han declarado aspirantes.	

| Fraile | ¡Con qué acierto habla vuecencia! | |

Otro	Y con más se profiriera	
	si, por dicha, aquí estuviera	15
	en toda la independencia.	

Comisionado	Sin haber estado aquí	
	de todo estoy informado,	
	porque exacta cuenta han dado	
	desde México a Madrid	20
	nuestros más fieles amigos,	

no solo de lo que hicieron,
sino aun de lo que dijeron
nuestros viles enemigos.
Pero como a mi honor toca   25
no proceder de ligero,
recibir informes quiero
y que sean de vuestra boca.
Un pueblo que a ser empieza
libre, siempre es entusiasta,   30
y este entusiasmo nos basta
para malograr la empresa.

Fraile   No dé a vuecencia cuidado
                lo que ese axioma publica,
                pues aquí se falsifica.   35
                No estando civilizado
                bastante el pueblo, su empeño
                para hacerse independientes
                como cosa de insurgentes
                siempre parará en un sueño.   40

Comisionado   O no, que están constituidos
                con sagacidad y maña.

Fraile   Pero a las leyes de España
                están siempre sometidos.

Comisionado   Eso prueba discreción,   45
                pues siendo buenas las leyes,
                ¿qué importa las den los reyes
                o las haga una nación?

Fraile	Señor, discreción sería	
	si supieran distinguir	50
	las que pueden convenir	
	a su país o a monarquía;	
	mas ellos han admitido	
	leyes nuestras, que en verdad	
	era de necesidad	55
	las hubieran abolido.	

Fraile   Señor, discreción sería
                   si supieran distinguir   50

Fraile   En su mayor parte no;
                     pero piensan como yo   75
                     no pocos.

Comisionado   Muy bien infiero
                     que es muy noble la elección
                     de frailes en esta tierra
                     para que enciendan la guerra
                     por causa de religión.   80

Fraile   Vuecencia dispensará
                     que éste es cargo de nosotros.

Comisionado   Fío mucho de vosotros
                     para la empresa. Mas ya
                     me ocurre que la opinión   85
                     es contra todo español.

Fraile   Somos los hijos del Sol
                     y nos defiende la Unión.
                     Esa tercer garantía
                     que nos dejara Iturbide   90
                     es la muralla que impide
                     de los criollos la osadía.

Comisionado   Pues con toda esa esperanza,
                     aseguro en conclusión
                     que es mejor la precaución,   95
                     que no la vana confianza.
                     Ésta solo la tendré
                     fundada en vuestra lealtad,

valor y fidelidad,
discreción y buena fe.							100
Y pues para nuestro intento
nada nos resta que hacer,
bien podemos proceder
a prestar el juramento.
Sobre la cruz de mi espada							105
juro defender la ley
de Dios y volver al rey
esta tierra infortunada.

Todos			Con lo que Fernando manda
juramos todos cumplir							110
vencer, señor, o morir
gloriosos en la demanda.

Hacen salva con las manos, se abrazan todos y se da fin al
	Acto.

Acto II

El mismo salón. El Comisionado, sentado en silla de terciopelo
con bufete delante, y la comitiva en taburetes.

Comisionado	Ya que hemos jurado,	
	¡amados compañeros!,	
	ser fieles al monarca	
	mejor que conocieron	
	las pasadas edades	5
	y los presentes tiempos;	
	ya que todos estamos	
	ciertamente resueltos	
	a vengar los agravios	
	que estos criollos perversos,	10
	rebeldes y traidores	
	a su corona hicieron,	
	separándose infieles	
	de su yugo paterno;	
	y ya que decididos	15
	con sacro juramento	
	estamos a morir	
	o sus reales derechos	
	sostener, y que vuelvan	
	estos rebeldes reinos	20
	a recibir el yugo	
	del borbónico imperio,	
	es preciso os presente	
	el plan o reglamento	
	que debe conducirnos	25
	en este grande empeño,	

para que si advirtiereis
que contiene algún yerro,
lo notéis, pues que solo
se consulta el acierto.   30
¿Os parece?

Fraile   Señor,
cuando os reconocemos
nuestro muy digno jefe,
comisionado regio,   35
en quien Fernando el Grande
sus confianzas ha puesto,
decir solo nos toca
que los vuestros preceptos
serán obedecidos,   40
desde luego, al momento
que se nos comuniquen,
sin excusa o pretexto
que entorpecer pudiere
su puntual cumplimiento;   45
y así solo deseamos
oír el plan propuesto,
para admirar en él
vuestros grandes talentos
y ponerlo por obra,   50
que es todo nuestro anhelo.

Comisionado   De vuestra conocida
lealtad y amor sincero
que tenéis al monarca,
no esperaba yo menos.   55
A su nombre y al mío

daros las gracias debo
por vuestra deferencia
a sus reales preceptos,
esperando que llegue
el muy deseado tiempo
en que vuestras virtudes,
heroicidad y esfuerzo
os hagan acreedores
a los más dignos premios,
que os están prevenidos
por el monarca ibero.
El plan es el que sigue;
escuchad con silencio
pues ya comienzo a leer.
«Artículo primero.
La religión cristiana
en todos estos reinos
será reconocida
en su esplendor ileso,
como era el año de 8,
poniendo el justiciero
tribunal de la fe
para que haga escarmientos
de herejes, de masones,
publicistas perversos
que la soberanía
atribuyen al pueblo.»
«Artículo segundo.
Declarar que este reino
es propiedad y herencia
del monarca supremo
de España, por lo cual

deberá su gobierno
reinstalarse, conforme   90
está el que allá tenemos
que es el más acertado.»
«Artículo tercero.
Nombrarán los obispos
y los cabildos mesmos   95
una nueva regencia
que gobierne estos pueblos
a nombre del monarca
hasta su real decreto.»
«Cuarto. Dar pasaporte   100
a cuantos extranjeros
no hayan manifestado
adhesión y respeto
al señor de ambos mundos,
a Fernando el supremo,   105
entrando en esta cuenta,
por razón de extranjeros,
aun los mismos ministros
de diferentes reinos.»
El artículo quinto   110
es en provecho vuestro.
«A los capitulados
vuélvanse los empleos,
los destinos y grados
que antes obtuvieron,   115
que restituir es justo.»
El artículo sexto
dice: «Los oficiales
que leales y discretos
se adhieran este plan,   120

obtendrán desde luego
los destinos y honores,
preeminencias y empleos
que en el año de 20
tenían, en justo premio   125
de su servicio al rey...».
¿Qué decís, compañeros?
¿Aprobáis, pues, el plan?

Fraile   Es muy justo, ligero
                y católico... en fin,   130
                obra de un gran talento;
                lo que se falta es que ponga
                desde luego en efecto.

Comisionado   ¿Juráis, pues, todos juntos
                fielmente obedecerlo?   135

Todos   Sí juramos. No quede
                vivo el traidor protervo
                que lo desobedezca
                ahora ni en ningún tiempo.
                Esto juramos todos   140
                sin mentira ni miedo,
                y si quiere vuecencia
                también lo firmaremos
                con cuanta sangre anima
                nuestros valientes cuerpos. 145

Comisionado   ¡Españoles al fin!
                Así me lo prometo
                de vuestra bizarría

y muy noble ardimiento.
Daros gracias quisiera   150
en brillante dialecto
por tanta heroicidad.
Ya la victoria cuento
con tan leales soldados
y valientes guerreros;   155
pero pues que no es dado
a mis cortos talentos
elogiar dignamente
vuestro valor, os ruego
mi gratitud admitan   160
en un pequeño obsequio.

(Toca una campanilla y los criados sacan una mesa decente, en la que se pone un buen refresco. Se levantan todos y brindan por el rey de España, por la santidad de León XII y sus memorables encíclicas, por la reconquista de este reino, por la de Colombia, Chile, Buenos Aires y Guatemala, y aun hubo quienes brindaron por el coronel Iturbide, Plan de Iguala y tercera garantía, y otros por la vana confianza, miramientos y disposiciones del gobierno actual. Pasados los brindis, se concluyó el Acto II.)

Acto III

El mismo salón y los mismos Actores.

Comisionado
Ilustres compañeros,
hijos de Marte, impávidos guerreros
a quienes los Ulises, los Alcides,
los Pelayos, los Cides,
Pompeyos y Scipiones   5
reconocen cual leones
de valor tan profundo,
que a su rugido solo tiembla el mundo
ya se acerca el instante
de llevar nuestros planes adelante, 10
para lo cual es justo
comisionaros; pero vuestro gusto,
vuestra elección, inclinación y ciencia
yo quiero consultar, pues la experiencia
a cada cual advierte   15
para qué es útil, para qué es inerte;
y así cada uno diga
qué es lo que puede hacer y a qué se
obliga.

Fraile
Todos obedecemos,
mas primero queremos   20
que hablen las damas.

Comisionado
     Yo también lo quiero;
tal querer es deber de caballero.
Señora doña Intriga, dama hermosa,

¿vos qué podéis decir?   25

Intriga   Yo, poca cosa.
Introducirme en las secretarías
y hacer con disimulo de las mías.
Revolver los ministros y oficiales;
hacer que unos de otros sean rivales;   30
que crean son provechosas
providencias que dicten ominosas,
como la desmembranza,
de las tropas que hoy son de su confianza;
de México sacarlas con pretextos   35
que juzguen por muy justos, muy ho-
nestos,
para que así, dispersas
por mil partes diversas,
no puedan auxiliarse
y el enemigo pueda aprovecharse   40
de la tal división. También intento
no perder un momento
para que se asegure, y sin demora
el estado mayor...

Comisionado   Basta, señora;   45
sois útil, en efecto;
con solo realizar ese proyecto
tenemos lo bastante
para llevar los planes adelante;
porque el choque inminente   50
del estado mayor y el presidente
que habrá... ¡verdad notoria!,

pondrá en vuestras manos la victoria.
¿Vos qué podéis hacer?

Traición   ¿Yo? Que inhumanos   55
muchos americanos
que tienen de chaquetas mil resabios,
o recordando agravios,
o ya con ambición muy importuna,
creyendo hacer fortuna   60
en esta nueva guerra,
contra su misma tierra
con traición denonada
encaren el fusil, tiren la espada
y la sangre derramen inhumanos   65
de sus padres, amigos y paisanos.

Comisionado   Su fortuna se labra
la Traición si nos cumple su palabra.
Y vos, señora beata,
¿a qué os comprometéis?   70

Hipocrecía   ¿Yo?, ¡patarata!,
a andar con mi rosario y con mis no-
venas
en las casas ajenas
a todos inquietando,
y gruñendo y rezando   75
salmos y letanías
haré que aprendan bien las mañas mías.
En fin, soy muy humilde y no me agrada
alabarme a mí propia para nada.
Que llegue la hora, sí, no me rebajo,   80

y vuecencia verá que tal trabajo.

Comisionado   En la guerra, hija mía,
poco tendrá que hacer la Hipocresía.
¿Y vos qué haréis, amigo y compañero?

Interés   ¿Contamos con dinero?   85

Comisionado   Sí, señor Interés, con él contamos.

Interés   Pues nuestros planes ya los realizamos.
Yo me introduciré con mucho tiento
con miles de onzas de oro al campa-
mento
de nuestros enemigos,   90
y en un decir Jesús, nuestros amigos
volveré a muchos jefes y oficiales,
siquiera los viciosos más fatales
que al oro sacrifican sin violencia
su honor, su bienestar y su existencia; 95
que por lo que respecta a los soldados,
yo os daré reclutados
cincuenta o ciento diarios.

Comisionado   ¿Cómo es eso?

Interés   Ofreciéndole un peso   100
de prest a todo aquel que se deserte
y que venga a buscar...

Comisionado   Será su muerte
pues un traidor merece

morir a manos del que favorece;   105
y vos, fray Fanatismo reverendo,
¿qué de cosas haréis?

Fanatismo   Soy estupendo.
Haré mil maravillas auxiliado
de tanto fraile honrado,   110
que predicarán listos
con sables, con pistolas y con cristos
a la gente vulgar y a la canalla,
que está el cielo irritado
con ellos por haberse separado   115
de nuestra madre España,
seducidos con maña
por los independientes,
perjuros, revoltosos, disidentes,
herejes, desalmados,   120
francmasones, judíos, excomulgados
infames y traidores
dignos de los rigores
del español gobierno
y, después, de las penas del infierno.   125
Predicarán también con grito fuerte
que si la temporal y eterna muerte
que tienen merecida
quisieran evitar, muden de vida,
por siempre abandonando   130
las ideas liberales, y a Fernando
reconociendo rey y sin segundo
señor de España y deste Nuevo Mundo.
Predíquenles también a grito herido
que los han seducido,   135

que los han engañado,
que esos que llaman héroes, ahora y
antes
han sido unos herejes, protestantes,
dignos de mil hogueras
o de morir a manos de las fieras.   140
Que la soberanía
es peculiar del rey; que es herejía,
condenada por mil Inquisiciones,
el decir que reside en las naciones.
Que si por el Señor reinan los reyes,   145
es claro que sus leyes
deben obedecerse ciegamente
por cualesquiera gente
que precie de cristiana
católica y romana,   150
y hacer quisiera vida meritoria
para agradar a Dios e irse a la gloria.
Y vos, ¡oh, confesores!,
de los predicadores
secundaréis al punto esa doctrina   155
tan segura, tan suave y tan divina,
haciendo ver a vuestros penitentes
que los independientes
son herejes, masones y demonios;
y esto con testimonios   160
de la santa escritura
lo probaréis por cosa muy segura,
y que están obligados en conciencia
a denunciar cualquier ocurrencia
en donde se hable contra gachupines;   165
lo que les probaréis con mil latines,

haciendo que denuncien conocidos,
hijos, hermanos, padres y maridos
al superior gobierno,
si quieren escaparse del infierno.   170
Todo esto se ha de hacer con modo y
arte;
pero, por otra parte,
do no bastare persuasión y ruego,
entrad a sangre y fuego,
en el nombre de Dios crucificado,   175
esas malditas·gentes;
entrad, digo otra vez, frailes valientes;
pillad, quemad, talad campiñas, casas;
dejadlo todo reducido a brasas,
después de asesinar como cristianos   180
hombres, mujeres, niños y aun ancianos,
y de este modo, al fin de la victoria
os haréis acreedores a la gloria.

Comisionado	Con placer he escuchado

vuestro sermón, mi padre, y me ha agra-
dado,
pues con él considero   185
logrados nuestros planes por entero;
mas es preciso que circulen pronto.
Un sujeto no tonto,
valiente, de carácter, animoso,
resuelto y malicioso,   190
para empresa tan alta
es solamente aquí lo que me falta.

Fraile   Pues quien puede reunir prendas tan
                         buenas
                         es nuestro hermano fray Joaquín Arenas.

Arenas   Servidor de vuecencia.   195

Comisionado   Déme los brazos vuestra reverencia.
                         Yo de usted me prometo
                         que con juicio y secreto,
                         arte, sagacidad, industria y maña
                         hará el negocio de la madre España, 200
                         con disimulo la opinión sembrando
                         y prosélitos buenos resultando.

Arenas   Descanse vuecencia sin cuidado,
                         que pues del padre Arenas se ha con-
                         fiado,
                         todo estará concluido   205
                         y muy pronto, señor.

Comisionado   Id entendido
                         que en casos semejantes
                         es menester ser cautos, vigilantes
                         y estudiar de los hombres las miradas.210

Arenas   Son para mí lecciones olvidadas
                         las que vuecencia se ha servido darme.
                         Yo sé bien conducirme y sé portarme.
                         A los americanos
                         los conozco, señor, como a mis manos.215
                         Son débiles, cobardes, ignorantes;
                         con dos o tres gigantes

que les sepan pintar, vuelven casaca
y dejan sus promesas en la estaca.
Verá vuecencia, sí, qué de oficiales,   220
comerciantes, empleados, generales
no le presento...

Comisionado   ¿Y cuándo?

Arenas   Eso según los fuere resultando.

Comisionado   Pero es mucho ofrecer.   225

Arenas   Antes es poco;
aún más me atrevo a hacer, no soy mo-
troco,
pues si se pica más mi vanagloria,
he de traer a Guerrero y a Victoria.

Comisionado   No, no se empeñe tanto, camarada,   230
y vayamos a hacer una frailada.

Arenas   A ver, señor, los planes, que ya es tarde
y quiero hacer de mi valor alarde.

Comisionado   Aquí los tiene vuestra reverencia;
con ellos vaya Dios.   235

Arenas   Y con vuecencia
quede también, y duerma sin cuidado,

que el tiempo le dirá de quién se ha fiado.

(Se va.)

Comisionado   Todo está ya concluido, caballeros;
                     id, pues, a trabajar.   240

Fraile   Nuestros esmeros
                     pondremos en campaña,
                     y antes también.

Comisionado   Digamos viva España,
                     viva la religión, viva Fernando   245
                     y muera esta república rabiando.

(Palmoteos y se da fin al Acto.)

Acto IV

(La misma sala: en ella el Comisionado registrando papeles.)

Comisionado   Estos planes son seguros;
                la cosa puede lograrse,
                y más si pueden juntarse
                cuatro millones de duros.
                Tiemblen nuestros enemigos,   5
                porque con estos millones,
                mis buenas disposiciones
                y el favor de mis amigos...

(Sale un Criado precipitado.)

Criado   Escapad, Comisionado.

Comisionado   ¡Cómo! ¿Pues qué ha sucedido?   10

Criado   Que el fraile nos ha vendido
                y el diablo nos ha llevado.

Comisionado   ¿Cómo así?

Criado   No hay cómo así.
                Ya fray Joaquín está preso   15
                y a usted le hiede el pescuezo
                a cáñamo como a mí.

Comisionado   ¿Qué es eso? ¿Qué estás diciendo,
                hombre, que me vuelves loco?

Criado

Con razón; no lo estoy poco
y más que me iré poniendo.   20

Comisionado

Cuéntame, pues, el pasaje
con sencillez, cómo fue.

Criado

Sí, señor, pues oiga usted
y muérase de coraje.   25
Salió el padre muy garboso,
valiente y precipitado,
muy firme, muy denodado
y resueltamente brioso;
cargó con el plan fatal   30
derecho a casa de Mora...

Comisionado

¿Y quién es esa señora?

Criado

El capitán general.

Comisionado

¿Y qué el fraile al comandante
de armas el plan le llevó?   35

Criado

Al mismo.

Comisionado

              ¿Y qué sucedió?

Criado

Nada: le echaron el guante,
y para que no se vaya
con industrias ni con tretas,   40
le han puesto un par de calcetas,
pues, de la mera Vizcaya.

Comisionado   ¡Jesús! Hombre, esto está malo;
                y al fin; ¿en qué parará
                fray Joaquín?   45

Criado   Nada, en que irá
                con palma y corona al palo.

Comisionado   ¿Cómo con palma y corona?
                ¿Pues qué, es mártir?

Criado   Qué sé yo;   50
                pero así se los espetó
                al señor Mora en persona.

Comisionado   ¡Qué fraile! ¡Qué inadvertencia!
                A todos nos ha perdido.
                ¡Quién le hubiera conocido!   55

Criado   ¡Mal haya su reverencia!

(Entran de tropel todos los demás conspirantes.)

Fraile   Señor.

Comisionado   Nada me digáis,
                porque ya todo lo sé.

Fraile   No todo.   60

Comisionado   ¿Pues cómo?, ¿qué?

Fraile   Es preciso que me oigáis.

Comisionado   ¿El fraile me ha descubierto?

Fraile   Solo el nombre.

Comisionado   ¡Qué ligero!   65
                    Si supiera el verdadero
                    lo hubiera dicho por cierto.
                    ¡Qué fraile tan condenado!

Fraile   Endemoniado, señor;
                    no lo hubiera hecho peor   70
                    si se le hubiera pagado.

Comisionado   ¿En qué estado está el proceso?

Fraile   En el grado más fatal,
                    porque ha pedido el fiscal...

Comisionado   ¿Qué cosa?   75

Fraile   Solo el pescuezo.

Comisionado   Aunque el pedimento aterra,
                    como el juicio es militar
                    bien lo puede reformar...

Fraile   ¿Quién?   80

Comisionado   El consejo de guerra.

Fraile

Es muy vana, si se advierte,
la esperanza de vuecencia,
pues todos a competencia
lo sentenciaron a muerte.   85

Criado

Son unos tales y cuales
los que sentencian a un santo.

Comisionado

Calla, yo hiciera otro tanto
si afianzara a los vocales.

(Ruido de tiros, y entra azorado un hombre.)

Hombre

¡Jesús me valga en mis penas!   90
¿Qué es lo que pasa por mí?

Comisionado

¿Qué te ha sucedido, di?

Hombre

Que fusilaron a Arenas.

Comisionado

¿Cómo, hombre?

Hombre

                      Muy fácilmente.   100
Los soldados lo llevaron,
por la espalda le apuntaron,
¡trum!, y cayó de repente.

Comisionado

¿Y hay más presos?

Hombre

                      Un montón,   105
y tal vez otros caerán.

Comisionado   No son todos los que están,
                ni están todos los que son.

Criado   ¡Qué desgracia!

Otro   ¡Qué sorpresa!   110

Comisionado   Que es desgracia considero;
                mas de ella sacar espero
                ventajas para la empresa,
                pues si un fraile se ha perdido
                por ligero e imprudente,   115
                ya obrarán más cautamente
                los que le han sobrevivido.

Fraile   Si en solo el fraile parara...

Comisionado   Aunque mueran veinte o treinta
                cuando les hagamos cuenta,   120
                nos la pagarán bien cara.
                Ahora es menester constancia;
                sagacidad, no furor;
                juicio, prudencia, valor,
                disimulo y vigilancia.   125
                El gobierno envanecido
                con el triunfo dormirá;
                sí, dormirá, si es que ya
                a esta hora no está dormido.
                Cuando a un fraile ha fusilado   130
                y tiene otros pocos presos,
                dirá que ha hecho mil excesos
                de rigor y asegurado;

creerá todo el septentrión
a nosotros confundidos,   135
medrosos y disuadidos
de seguir la rebelión
si en esta muerte, en efecto,
se apoyare su confianza,
yo no pierdo la esperanza   140
de realizar el proyecto
de la heroica reconquista
de este vasto continente.
Morirá todo insurgente;
sí, morirá a letra vista,   145
con tal que haya orden y modo
francos con los enemigos,
fingiéndonos sus amigos
y observándolos en todo.
La intriga y el fanatismo,   150
los frailes y el interés
trabajarán a la vez,
y, trabajaré yo mismo.
Es nuestro primer deber
confianza inspirarles mucha,   155
y así a la hora de la lucha
no se podrán defender.
El dividir la opinión
es un bello pensamiento,
y para tan noble intento   160
que sirva la religión.
Para esto es muy necesario
que los nuestros de ambos cleros
aprovechen con esmeros
púlpitos y confesionarios;   165

porque aquí, para entre nos,
es fanática esta gente,
y morirá alegremente
si cree que muere por Dios.
Diligencias son forzosas   170
corromper a los congresos
para que hagan mil excesos
y dicten leyes odiosas,
tratando una y muchas veces
de encarnizar los partidos,   175
para que estén desunidos
los yorkinos y escoceses.
De este modo la opinión
dividida se hallará,
y el golpe se les dará   180
sin que haya contradicción.

Fraile   A Mora el comandantillo,
                a Tornel y al fiscal Facio
                juro a Dios que muy despacio
                los he de hacer picadillo.   185

Interés   Yo como afiance a Victoria
                y a Vicentillo Guerrero,
                haré que con este acero
                no quede de ellos memoria.

Fanatismo   Yo a cuantos americanos...   190

Comisionado   Basta, amigos, de bravear,
                las lenguas han de callar
                y que hablen solo las manos

a su tiempo. Oíd lo que os digo
no es gran cosa ni decente   195
el echarla de valiente
a espaldas del enemigo.

Interés   Pues a las obras, señor.

Fraile   Yo a las obras me remito.

Otro   Pues yo lo mismo repito.   200

Comisionado   Eso será lo mejor.

Fraile   Temo que nuestra intención
                 el gobierno desbarate,
                 pues su fuerza se recate
                 y tema esta prevención.   205

Comisionado   Yo pienso por el contrario,
                 pues por ahora está confiado
                 y se juzga asegurado
                 sin temor a su adversario.

Fraile   De este gobierno, señores,   210
                 creíbles son tales arrojos,
                 si es que no le abren los ojos
                 los malditos escritores.

Comisionado   Fárragos he visto enteros
                 de esos que llamáis autores,   215
                 y he leído en tales primores
                 la obra de mil chapuceros.

Papeles necios y fríos,
fraudulentos y cansados,
insulsos, desvergonzados,   220
torpes, groseros e impíos
vomitan aquí las prensas,
y creo que aun los cargadores
pueden meterse a escritores
en diciendo desvergüenzas.   225
Papel son, ¡voto a tal!,
que causan náusea y coraje,
pues estropean el lenguaje
y, corrompen la moral.
Éstos en la vida, amigo,   230
crea usted que al gobierno instruyan
en contra nuestra, aunque fluyan
a millones.

Fraile   Yo lo digo.
Esos chambones rastreros   235
dan muy poco que temer;
pero hay otros que a mi ver
son temibles escritores,
porque escriben con lisura,
con juicio y moderación,   240
sosteniendo la opinión
con dignidad y cordura.
Persuaden sin maldecir,
ilustran sin pedantear,
reprueban sin injuriar   245
y convencen sin mentir.
Papeles de tal tamaño
temo yo más que al infierno,

porque instruyen al gobierno,
y esto cede en nuestro daño.   250

Comisionado   Yo por mi parte veré
                 todo eso como oropeles.
                 ¿Qué importan tales papeles
                 si el gobierno no los lee?

Fraile   En Puebla los compañeros   255
                 que hay presos van delatando
                 a gran prisa y van cantando,
                 pero como unos jilgueros.
                 Al padre Hidalgo lo asgaron
                 y con otros lo prendieron;   260
                 a Arana ya lo cogieron
                 y a Martínez lo enjaularon.
                 Mañana caerá Negrete,
                 Chavarri, y éste y los otros,
                 y luego a todos nosotros   265
                 nos liarán como un cohete,
                 y por buena providencia
                 nos excusarán de penas,
                 haciéndonos lo que a Arenas,
                 sin que se escape vuecencia.   270

Comisionado   Es de temer, a fe mía,
                 ese fin tan inclemente,
                 si este gobierno insurgente
                 prosigue con energía
                 en nuestra persecución,   275
                 pues si derriba cabezas
                 de realistas, adiós proezas,

adiós de mi comisión.

Fraile	Pierda vuecencia cuidado,	
	que no ha de llegar a tanto;	280
	este gobierno es un tanto	
	piadoso y considerado.	
	Son a la vez muy severos	
	los jueces americanos;	
	pero es con sus paisanos,	285
	mas no con los extranjeros.	
	Ya reos de lesa nación	
	tiene muchos, pero apenas	
	puede ser que muera Arenas	
	por contentar la opinión.	290
Comisionado	¿Cómo?; ¿pues no me han contado	
	que ya ese fraile murió?	
Fraile	Eso no lo dije yo,	
	lo dijo un cobarde criado	
	que temor solo respira.	295
	Éste unos tiros oyó,	
	que era ejecución pensó	
	y ha contado tal mentira.	
Comisionado	¿Y por qué no han fusilado	
	a ese fraile? Ya el proceso	300
	está concluido, confeso	
	y convicto el sentenciado.	
Fanatismo	Eso de degradación	
	creo que los trae en temores.	

Comisionado	¡Oh, qué piadosos señores!
	305
	¡Bien haya su religión!
	Pero si se me lograra
	mi grande empresa algún día,
	mil frailes fusilaría
	y a ninguno degradara.
	310

Comisionado

¡Oh, qué piadosos señores!
305
¡Bien haya su religión!
Pero si se me lograra
mi grande empresa algún día,
mil frailes fusilaría
y a ninguno degradara.
310

Fanatismo

A continuar decididos
estamos todos, señor.

Fraile

Viva el español valor
muertos, pero no vencidos.

Comisionado

La piedad americana
315
que viva también diremos,
pues con ella venceremos
cuando no fuere hoy, mañana.

Fin

Libros a la carta

A la carta es un servicio especializado para
empresas,
librerías,
bibliotecas,
editoriales
y centros de enseñanza;
y permite confeccionar libros que, por su formato y concepción, sirven a los propósitos más específicos de estas instituciones.

Las empresas nos encargan ediciones personalizadas para marketing editorial o para regalos institucionales. Y los interesados solicitan, a título personal, ediciones antiguas, o no disponibles en el mercado; y las acompañan con notas y comentarios críticos.

Las ediciones tienen como apoyo un libro de estilo con todo tipo de referencias sobre los criterios de tratamiento tipográfico aplicados a nuestros libros que puede ser consultado en Linkgua-ediciones.com.

Linkgua edita por encargo diferentes versiones de una misma obra con distintos tratamientos ortotipográficos (actualizaciones de carácter divulgativo de un clásico, o versiones estrictamente fieles a la edición original de referencia).

Este servicio de ediciones a la carta le permitirá, si usted se dedica a la enseñanza, tener una forma de hacer pública su interpretación de un texto y, sobre una versión digitalizada «base», usted podrá introducir interpretaciones del texto fuente. Es un tópico que los profesores denuncien en clase los desmanes de una edición, o vayan comentando errores de interpretación de un texto y esta es una solución útil a esa necesidad del mundo académico.

Asimismo publicamos de manera sistemática, en un mismo catálogo, tesis doctorales y actas de congresos académicos, que son distribuidas a través de nuestra Web.

El servicio de «libros a la carta» funciona de dos formas.

1. Tenemos un fondo de libros digitalizados que usted puede personalizar en tiradas de al menos cinco ejemplares. Estas personalizaciones pueden ser de todo tipo: añadir notas de clase para uso de un grupo de estudiantes, introducir logos corporativos para uso con fines de marketing empresarial, etc. etc.

2. Buscamos libros descatalogados de otras editoriales y los reeditamos en tiradas cortas a petición de un cliente.